AF317623

MISSION ALGER-NIGER

(Novembre–Décembre 1926)

RAPPORT de M. F. POULALION

Le marché de Mopti.

ALGER
ANCIENNE MAISON BASTIDE-JOURDAN
JULES CARBONEL
Imprimeur — Editeur

1927

MEMBRES DE LA CHAMBRE DE COMMERCE D'ALGER

(1926)

M. Louis BILLIARD, O. ✻, ✻, ✻, ✻, ✻, *Président.*

MM. Jérôme TARTING ✻, ✻, ✻ ; Eugène WAROT, ✻, *Vice-Présidents.*

M. Emile DELBAYS, ✻, ✻, O. ✻, *Secrétaire-Trésorier.*

MEMBRES :

MM. Prosper DURAND, ✻, ✻. — Félix ROBERT, I. ✻. — Jules LAURENT, ✻. — Jules DAURCES. — Jacques DUROUX, ✻. — François POULA-LION, ✻, ✻, ✻. — Brahim MOUHOUB, ✻. — Edouard TINÉ. — Omar BOUDERBA, ✻, ✻. — Edouard MULSANT. — Emile LEPAGE, O. ✻, ✻, ✻ — Henri TROUILLER, ✻. — Joseph ROBERT, ✻, O. ✻. — Mustapha TAMZALI.

Secrétaire général : André GILLET, ✻, ✻

MEMBRES CORRESPONDANTS :

MM. Lucien CLÉMENT. ✻, I ✻, ✻, ✻, O ✻, ✻, et David BLANC, à Alger. — Charles PINTO, à Blida. — François GARNIER, ✻, et Honoré GARNIER, à Tizi-Ouzou. — Pierre REICH, ✻, ✻, ✻, à Médéa. — Louis CLEMENT, I. ✻, à Orléansville. — Achille COULET, à Boghari. — Denis FERRERO, ✻, à Bou-Saâda.

Correspondant au Maroc.

M. Marc de MAZIÈRES, ✻, ✻, à Casablanca.

CHAMBRE DE COMMERCE D'ALGER

MISSION ALGER-NIGER

(Novembre–Décembre 1926)

RAPPORT de M. F. POULALION

Le marché de Mopti.

ALGER
ANCIENNE MAISON BASTIDE-JOURDAN
JULES CARBONEL
Imprimeur — Editeur

1927

F. POULALION
Délégué de la Chambre de Commerce

Capitaine LEHURAUX
Chef de la Mission

MISSION ALGER-NIGER

(Novembre-Décembre 1926)

RAPPORT de M. F. POULALION

Membre de la Chambre de Commerce d'Alger

En mai dernier, M. Viollette, Gouverneur Général de l'Algérie, décida d'organiser avec le concours des Conseils Généraux et des Chambres de Commerce d'Algérie, un triple voyage d'études économiques, d'Alger, d'Oran et de Constantine, en direction de la Boucle du Niger. Vous m'avez fait le grand honneur, et je vous en remercie, de me désigner comme votre délégué, en même temps que notre collègue, M. le Sénateur Duroux qui, empêché au dernier moment, fut remplacé par M. Brigol, notre jeune et brillant Ingénieur du Port d'Alger.

Les buts du voyage étaient les suivants :

1° Etudier les parties les plus intéressantes au point de vue économique, et plus particulièrement commercial, des régions des Territoires du Sud se trouvant sur les itinéraires parcourus;

2° S'assurer des richesses naturelles existant dans la vallée du Niger, étudier la culture du coton, l'élevage et spécialement les moyens d'intensifier les relations commerciales entre cette région et l'Algérie;

3° Examiner les conditions dans lesquelles pourraient être établis des moyens de transport à travers le Sahara.

Nous verrons au cours de cet exposé comment ces différents buts ont été remplis.

Le départ de la mission, primitivement fixé au 1er novembre, n'eut lieu que le 14; pour cette raison, notre voyage, un peu trop rapide, bien que fructueux en renseignements de toute nature, ne le fut pas cependant autant qu'il aurait pu l'être.

Je vais vous résumer rapidement les différentes étapes de notre voyage, en m'arrêtant toutefois quelque peu aux sujets sur lesquels j'ai quelque chose à vous dire au point de vue économique.

Nous sommes partis le 14 au matin et nous sommes allés dans la même journée, par le train, jusqu'à Djelfa et en auto-car jusqu'à Laghouat. Le lendemain, avec le même auto-car, nous allions déjeuner à Ghardaïa d'où nous repartions pour le bordj d'El-Abiod, à 130 kilomètres plus au Sud; la troisième journée comptait une étape de 220 kilomètres jusqu'à El-Goléah où nous fîmes séjour pendant la journée du 17.

Quoique ne voulant pas insister ici sur le côté purement touristique de notre voyage, je ne peux m'empêcher de vous dire combien nous avons été séduits par cette oasis, une des plus belles du Sud Algérien, sinon la plus belle, par son Ksar rougeâtre qui, malgré ses ruines, a conservé fière allure, et surtout par ses jardins verdoyants où se rencontrent, sous les panaches de ses palmiers élevés, toutes les essences, tous les fruits des pays tempérés. Nous avons visité notamment les installations des Pères Blancs et des Sœurs Blanches. Celles-ci, au nombre de cinq, se consacrent avec une admirable abnégation à l'instruction théorique et professionnelle des petites filles qui apprennent à tisser des tapis de haute laine et de fines écharpes, et à effectuer les travaux domestiques; elles avaient à notre passage 19 élèves. Ces Sœurs Blanches ne prennent jamais de congé pour la France, sauf quand la maladie les y contraint.

Quant aux Pères Blancs, ils ont une cinquantaine d'élèves, pour la plupart métis de militaires français et de femmes touaregs. La mission comporte trois Pères et un Frère; le Supérieur est le Père Langlais, administrateur tout à fait remarquable. Les élèves, après avoir reçu, dans les classes que nous avons visitées, une solide instruction primaire, sont initiés ensuite aux travaux agricoles. On nous montre les élevages de volailles, les étables principalement occupées par des vaches zébus de petite taille, venues du Niger. Ces vaches sont revenues, rendues à El-Goléah, à 153 francs chacune et donnent une moyenne de 5 à 6 litres de lait par jour. On les croise avec des taureaux de France ou d'Algérie et les résultats sont satisfaisants ; plus loin, nous apercevons des porcheries avec des animaux de belle taille; dans une salle, un moteur à essence actionne un moulin à blé et un concasseur broie des noyaux de dattes qui donnent une poudre fine que les animaux mangent volontiers ; nous terminons par la visite des jardins où chaque élève des Pères Blancs a un petit coin qui lui est réservé. En outre, les Pères possèdent une importante exploitation agricole, où ils donnent un magnifique exemple de travail et d'énergie et accomplissent une œuvre patriotique au premier chef.

La population totale de l'oasis s'élève à 4.640 habitants environ; il existe de nombreux puits indigènes à bascule et 12 puits artésiens dont l'eau est excellente; mais il y a possibilité d'en forer de nouveaux et je dirai même qu'il est indispensable de les forer si l'on veut assurer le développement de l'agriculture et l'extension de la palmeraie. Quand j'étais au sommet du Ksar, je vis dans la verte oasis quelques larges taches jaunes et j'en demandais l'explication à l'officier qui nous accompagnait; il me répondit que c'étaient des palmeraies desséchées et qu'elles reprendraient vie dès que l'on creuserait d'autres puits. Alors qu'un palmier en rapport nécessite 1/2 litre d'eau par minute, le débit actuel, qui est d'environ 16.400 litres à la minute, ne permet d'arroser que 32.800 palmiers, alors qu'il en existe 50.000.

Il y a, comme cheptel, environ 1.700 chameaux, 1.550 moutons, 2.300 chèvres

La récolte de dattes s'élève, en année normale, de 12 à 15.000 quintaux; on remarque, en outre, quelques céréales, des légumes secs, un peu de fourrage.

Les importations s'élèvent (moyenne de la dernière année) à 650.000 francs (céréales, produits alimentaires, objets manufacturés), les exportations à 350.000 francs (dattes, laines, articles indigènes).

Le commerce, à l'état naissant, ne peut qu'augmenter par suite de la création de transports rapides avec le Nord; l'industrie est à peu près inexistante, mais un avenir est certainement réservé aux tissages des tentures.

coussins, écharpes en laine et en poil de chameau, surtout lorsque le tourisme sera développé, ce qui ne peut manquer de se produire à mesure que les pistes seront améliorées. La Compagnie Générale Transatlantique y

La panne au départ d'El-Goléah.

contribue pour une grande part avec l'hôtel luxueux qu'elle vient d'aménager à El-Goléah, et il est souhaitable que se développe non seulement le tourisme de passage, mais surtout le tourisme sédentaire, comme dans l'oasis de Biskra.

En résumé l'oasis d'El-Goléah est susceptible d'un développement certain, subordonné principalement au creusement de nouveaux puits et à l'extension du tourisme. Le tourisme développera l'industrie naissante et, en sens inverse, avec les communications améliorées, de nouveaux besoins naîtront chez les indigènes; c'est là au surplus une observation générale pour toutes les régions que nous aurons à traverser. C'est ainsi que lorsqu'un officier français vient à Alger en congé, il est rare qu'il ne soit pas chargé par un ou plusieurs indigènes de lui rapporter une montre, et nous avons noté que le fils d'un riche commerçant mozabite d'El-Goléah, Abaza, qui nous reçut dans ses magnifiques jardins, consacre ses loisirs à faire de la photographie.

*
* *

Nous quittâmes El-Goléah le 18 novembre au matin pour arriver, en trois étapes, à In-Salah le 20 au soir, ayant parcouru 600 kilomètres dans un pays généralement inculte et sans végétation, sauf au fond de quelques dépressions où existent des pâturages à chameaux. Nous sommes passés aux postes de Hassi-Inifel, dont le bordj est aux 3/4 ensablé, et à Aïn-Guettara, paysage sinistre, véritable coupe-gorge où nous eûmes des étapes assez dures puisque deux nuits consécutives nous roulâmes jusqu'à près de 4 heures du matin. Les approches d'In-Salah sont très belles, la piste longe le pied d'immenses falaises rouges découpées en gorges profondes.

Nous avons passé la journée du 21 à In-Salah. Les bâtiments militaires sont plus éloignés de la palmeraie qu'à El-Goléah, nous n'avons donc pu la visiter aussi bien; le sable y est un ennemi envahissant contre lequel il faut lutter sans répit ; pour détourner la dune, on plante des haies de feuilles de palmier le long desquelles le sable coule, s'accumule et dépasse l'oasis en la contournant et en la laissant intacte.

Le marché d'In-Salah, comme celui d'Aoulef, est un lieu d'échange important, fréquenté surtout par les Touaregs Hoggar et ceux de l'Adrar des Ifoghas ; ils viennent y vendre leurs moutons, zébus, chèvres ou chameaux et s'y approvisionnent en toile, tentures, dattes, thé et sucre.

Le mouvement commercial a donc lieu surtout vers le Soudan. Cette année, il est parti pour cette région

1.242 chameaux qui rapporteront environ 186.000 kilogrammes de bechna.

De Ghardaïa et de Timimounn, viennent des burnous,
des chèches (valeur de près de 100.000 francs), des cou-

Le bordj d'Hassi-Inifel à demi-ensablé.

vertures, des cotonnades, du sucre et du thé. Vers ces
régions, on exporte un peu de blé, des chameaux, des
dattes, des moutons (3.315 unités à 40 francs environ).

Le total des importations s'est élevé en 1925 à 1 million
638.000 francs, tandis que celui des exportations n'attei-
gnait que 553.000 francs.

Je note encore ce détail que le marché d'In-Salah, qui

a été loué pour 6.5oo francs en 1924, a été affermé pour 11.700 francs en 1925.

In-Salah nous a paru disposer de beaucoup d'eau, mais cependant nous n'y avons pas vu de jardins verdoyants

Dans le désert rocheux.
Le bordj d'Aïn-Guettara.

comme à El-Goléah, ni autant de légumes frais sur le marché et sur les tables; rien ne s'oppose, semble-t-il, à ce qu'ils y viennent aussi bien. Il y a peut-être là une impulsion à donner aux indigènes.

*
* *

Du 22 au 24 novembre, nous sommes allés d'In-Salah à Tamanrasset en passant au bordj de Tadjemout, où se trouve une excellente source thermale, et au puits d'Iniker, faisant ainsi 700 kilomètres en trois étapes environ, dont une assez dure puisque nous roulâmes pendant 24

Tamanrasset.
Les tombes du Père de Foucauld et du Général Laperrine.

heures consécutives. Ces étapes furent très diverses : comme pays traversés, ce sont d'abord des étendues sablonneuses en quittant In-Salah, puis des montagnes de plus en plus pittoresques, telles que le Mouydir et les splendides gorges d'Arak qui constitueront un joyau tou-

ristique quand l'accès en aura été rendu plus facile; on
y travaille du reste, on y construit un bordj avec 10 à
12 chambres, on y améliore la piste, parfois on la construit de toutes pièces et tout cela est l'œuvre d'un Français, l'adjudant Chapuis qui, avec sa femme, accomplit
une besogne formidable; dans le fond des gorges, ils
ont créé, en quelques mois à peine de séjour, un vaste
jardin qui est un vrai régal pour les yeux en attendant
de l'être pour la table; rien de plus inattendu dans ces
solitudes désertiques, que ces carrés de salades, de choux,
de carottes, puis ces pièces plus grandes de blé et d'orge.
Là encore, un bel exemple nous est donné, qui démontre
ce que peuvent la volonté et le travail opiniâtre d'un
Français courageux. Combien de pays, qui paraissent à
jamais désolés, sont susceptibles d'un développement
sensible. Enfin, la dernière journée, nous sommes arrivés aux approches du Hoggar et nous avons rencontré
des dépressions avec des séguias pleines d'eau et des ri-
goles d'arrosage, des cultures, des troupeaux de chèvres,
de moutons et d'ânes gris, de taille superbe et de grands
diables de noirs qui sont les serviteurs des Touaregs et
qui nous escortaient en courant, criant et jouant du tam-
bour. Vers 8 heures du soir, nous étions à Tamanrasset
qui deviendra certainement le point de départ d'excur-
sions dans les splendides montagnes du Hoggar dont les
sommets atteignent 3.000 mètres et dont nous admirâmes
de loin les formes fantastiques et découpées. Je passe sur
les réceptions cordiales du chef de poste et de l'amenokhal
des Touaregs Hoggar et sur notre bref séjour à Tamanrasset, mais je dois mentionner la cérémonie au cours
de laquelle, avec une piété émue, nous déposâmes une
palme sur les tombes du Général Laperrine et du Père de
Foucauld.

*
* *

Nous quittions Tamanrasset le 25 novembre pour arriver le 28 dans la matinée à Tin-Zaouaten (environ 550
kilomètres), après être passés au Tombeau de la Reine
Tininane, d'un vif intérêt touristique, à l'oasis de Silet,
assez maigre, avoir traversé sans difficulté le fameux
Tanezrouft et longé la bordure Est de nouvelles montu-
gnes, celle de l'Adrar des Iforras.

A Tin-Zaouaten, nous quittions l'Algérie pour entrer

dans l'Afrique Occidentale française. Cette entrée fut assez pénible, car, en raison des dunes de sable traversées, nous avons mis toute l'après-midi pour faire 25 kilomètres. De Tin-Zaouaten à Kidal, il y a environ 280 kilomètres, mais, longtemps avant d'arriver à ce dernier poste, nous avons commencé à rencontrer de magnifi-

Tamanrasset.
Le fils et les petits-fils de l'aménokal Akhamouk.

ques troupeaux de zébus, d'ânes, de chèvres et de moutons, sans compter de multiples gazelles. Nous étions entrés dans la brousse soudanaise et nous avions l'impression que la traversée du désert était terminée. Nous étions donc à Kidal le 30 novembre dans la matinée et nous y fûmes accueillis à bras ouverts par le Capitaine Battesti et ses sous-officiers. Nous admirâmes le jardin où poussent des haricots, des salades, des tomates et même quelques pieds de coton.

Voici quelques renseignements économiques que m'a donnés le Capitaine Battesti qui a achevé en huit mois un splendide travail de statistique seulement ébauché avant lui : la subdivision de Kidal qui fait partie du cercle

Le bordj de Kidal.

de l'Adrar, comprend environ 4.000 habitants, le cheptel s'élève à 3.000 chameaux, 12.000 bovins, 120.000 ovins et caprins, 3.000 ânes et ânesses ; les indigènes Touaregs Ifforas de l'Adrar achètent des tissus, des toiles, des couvertures, du sucre et du thé, du fer et de l'acier et tout cela vient exclusivement du Touat. Vers le Sud, ils vont acheter du mil, ils ne tissent pas et n'ont aucune industrie, ils vendent des moutons et des bœufs (vers le Touat et le Niger).

Comme possibilités d'importations, on peut noter quelques bijoux d'argent et du tabac dont les Touaregs — et les femmes en particulier — sont très friands et dont ils usent sous forme de tabac à chiquer. Comme possibilités d'exportations, il ne faut guère songer à étendre les cultures, car le nomade n'aime pas le travail de la terre, mais au contraire on peut développer l'élevage des troupeaux par des primes, des achats, des sélections appro-

Dans le Tanesrouft. — L'heure du thé.

priées. Actuellement, un beau bœuf zébu vaut de 250 à 300 francs et un mouton de 35 à 40 francs.

Je note encore ces prix de transport :

Un chameau qui porte environ 100 kilogrammes est loué 5 francs par jour; un âne qui porte environ 50 kilogrammes, 1 fr. 50 par jour; l'Administration militaire traite à forfait à des prix légèrement inférieurs.

*
* *

Partis de Kidal assez tard dans la soirée du 30, nous arrivâmes le lendemain à Bourem à 8 heures du soir (300 kilomètres) et comme la veille, nous rencontrâmes sans cesse des troupeaux importants.

Si nous n'avions pas la joie de contempler dès notre arrivée le grand fleuve, le Niger, nous avions du moins l'immense satisfaction d'être arrivés au jour fixé et d'avoir accompli notre tâche sans de grosses difficultés, car les fatigues causées par quelques étapes un peu longues étaient déjà oubliées. Les voitures Berliet mises à notre disposition se sont supérieurement comportées et je suis heureux de rendre un juste hommage à son constructeur, à MM. Billion du Plan et Catelan qui assurèrent la direction des voitures, à tout le personnel mécanicien qui déploya une grande capacité professionnelle et une rare endurance..

*
* *

Et maintenant, avant de passer à la deuxième partie de notre voyage qui ne fut pas la moins intéressante, quelles conclusions puis-je tirer de notre randonnée? On peut dire que notre mission a marqué une nouvelle étape dans les précédentes traversées du Sahara. Après les explorateurs, après les militaires, après les sportifs, pour la première fois une triple caravane partie du Sud des trois départements algériens, composée d'une quarantaine de commerçants, de colons, d'industriels, nullement entraînés à exécuter des exploits d'endurance, venait d'accomplir, sans incident et avec facilité, ce formidable passage de 3.400 kilomètres à travers le Sahara, ce qui, il y a quelques années à peine, eut paru impossible; elle venait d'opérer une liaison définitive, et qui doit devenir régulière, avec les riches territoires de la Boucle du Niger et du Soudan français, de rapprocher les distances entre ces parties éloignées du magnifique domaine colonial français pour en faire un bloc homogène et compact. Ce que nous avons fait ne doit pas constituer une étape sans lendemain dans la liaison de l'Algérie et l'A. O. F., mais ce doit être le prélude de services réguliers, qui pour le moment devront être assurés par l'automobile. Notre voyage, si parfait qu'il ait été, a montré que des progrès importants pouvaient être encore réalisés; des pistes, qui sont simplement jalonnées ,restent à aménager; d'autres peuvent être améliorées; des passages sablonneux sont a éviter, à moins qu'on ne trouve à résoudre le problème.

presque insoluble pour le moment, de rendre solide une piste à travers les sables; enfin, les voitures elles-mêmes peuvent être perfectionnées, de l'avis même des techniciens qui nous accompagnaient ; le moteur de 15 C.V. était un peu faible pour le poids transporté; avec seulement 5 C.V. de plus nous aurions marché beaucoup plus rapidement et nous aurions franchi avec plus de facilité les passages de sable qui ont quelquefois ralenti notre course.

Et le Transsaharien, me direz-vous?

Le vapeur *Mage*.

On ne peut affirmer, en l'état actuel des choses, et si l'on se place exclusivement sur le terrain économique, que le Transsaharien paierait; un fait certain, c'est qu'il serait assuré, dès le début, d'un trafic plus ou moins important qui ne pourrait que s'améliorer de mois en mois. De même que la fonction crée l'organe, le rail crée le trafic. Mais il n'y a pas que le point de vue économique, il y a le point de vue stratégique, impérialiste, qui fait du Transsaharien une nécessité inéluctable pour le jour, que nous espérons prochain, où la situation financière du pays lui permettra de consacrer des ressources à cette besogne indispensable.

En attendant, l'Algérie devrait poursuivre sans tarder,

L'arrivée à Tombouctou.

le prolongement du rail jusqu'au M'zab, afin de faciliter le ravitaillement des convois automobiles vers le Soudan et de mettre le département d'Alger sur un pied d'égalité avec ses voisins qui poussent chacun une antenne, d'un côté jusqu'à Touggourt, et de l'autre sur Colomb-Béchar.

***

La deuxième partie de notre voyage, et non la moins intéressante, a commencé le 2 décembre au matin, à bord du grand bateau à roues, le « Mage », mis à la disposition des missions par le Gouvernement de l'A. O. F. Pendant 9 jours, nous allions remonter le grand fleuve jusqu'à Koulikoro, sur environ 1.215 kilomètres, en une lente navigation infiniment agréable et reposante; mais là encore, pressés par le départ de Dakar, dont la date était fixée au 15 décembre, nous dûmes nous contenter de voir ce qu'il y avait d'intéressant sur les rives mêmes du fleuve, sans pouvoir pénétrer dans l'intérieur et notamment dans la Boucle du Niger. Néanmoins, M. l'Administrateur MARTIN, délégué du Gouverneur général de l'A. O. F., qui fut pour nous un guide compétent et éclairé, pouvait nous dire avec raison, lorsqu'il nous a quittés, qu'il nous avait fait voir le maximum de choses pendant le minimum de temps. Le lent défilé sur l'immense fleuve bleu aux rives en partie couvertes par de grandes herbes vertes, est à la fois monotone et varié; sur les rives basses, s'élèvent des villages nègres aux cases rondes; des milliers d'oiseaux s'envolent sans cesse de ces herbes dites « bourgou » à travers lesquelles glissent des pirogues que des noirs manient à la perche.

Le 4 décembre, nous étions à Kabara, d'où nous gagnâmes Tombouctou, après une promenade à cheval de 9 kilomètres. De cette antique capitale déchue, je ne dirai pas grand'chose au point de vue économique; elle fut, pour la plupart des membres des missions, une déception. C'est cependant un centre administratif et commercial important, beaucoup de maisons de commerce de la côte y ont des comptoirs et elle conserve une partie de son ancienne importance grâce surtout à la caravane bisannuelle de l'azalaï qui apporte le sel gemme de Taoudeni.

Le 5 décembre, nous étions à Diré où se trouve la plus importante des exploitations de la Compagnie de culture cotonnière du Niger (La Ciconnic, en abrégé), qui, avec deux autres exploitations situées plus au Sud, à Sama et à Senenkhou, a mis en valeur 4.500 hectares et emploie au total 5.000 ouvriers dont une cinquantaine d'Européens.

A Diré, nous avons d'abord visité l'usine; 4 pompes puissantes, de 85 HP chacune, puisent l'eau dans le Niger, à raison de 2.200 litres à la seconde; cette eau est déversée dans un canal de 18 kilomètres de long, avec simplement des levées en terre ayant une pente de 4 cm au kilomètre, ce qui permet l'irrigation par simple gravité; le canal est calculé pour un débit de 3.000 litres par seconde; la seule exploitation de Diré comprend 1.200 hectares de coton et occupe 2.700 ouvriers.

Tombouctou. — La mosquée de Sankoré.

A côté de l'usine des pompes, une puissante dynamo actionne des machines-outils destinées aux réparations et fournit la lumière; toutes ces machines-outils sont conduites par des noirs; plus loin, se trouve la salle d'égrenage où chaque machine produit 25 kilogrammes brut à l'heure; la graine sert à un triple usage : elle s'emploie comme engrais excellent (une tonne de graine équivaut à quarante tonnes de fumier), comme nourriture des animaux et enfin elle donne de l'huile; une installation pour l'extraction de cette huile est prête à fonctionner, malheureusement, il paraît que pour le moment il n'y a pas de débouché.

Nous visitâmes ensuite les champs de coton qui étaient en pleine floraison; pour la qualité de coton dite « Sakel Diré », le rendement atteint trois cent cinquante kilogs de fibres net à l'hectare. En dehors du coton, la Compagnie se livre à des cultures d'assolement et vivrières, telles que : arachides, maïs, riz. mil et elle a également un troupeau important. L'exploitation de Diré est très prospère; néanmoins, plusieurs problèmes se posent pour l'avenir; d'abord celui du combustible : pour le moment on trouve du bois facilement et à bon compte, mais, à mesure des défrichements, il faut aller le chercher de plus en plus loin, et il serait nécessaire de s'occuper dès à présent de l'aménagement des zones productrices ainsi que de la reforestation. Le deuxième problème est celui de la main-d'œuvre: le noir est, par nature, indolent et travaille difficilement, même avec l'appât du gain; il faut en quelque sorte réquisitionner la main-d'œuvre et c'est l'Administration qui la fournit aux exploitations qui la demandent, moyennant des contrats de travail fort bien étudiés et qui assurent minutieusement la santé et l'hygiène des travailleurs. Ceux-ci sont nourris par l'exploitant et ils doivent l'être abondamment; en outre, ils reçoivent un salaire dont une partie est touchée immédiatement par eux et l'autre mise en réserve sous la forme d'un pécule qu'ils reçoivent à l'expiration de leur engagement, généralement annuel. Un ouvrier, nourriture comprise, revient à environ 3 fr. 35 par jour.

Enfin, le troisième problème est celui de l'évacuation. Pour le moment il ne soulève aucune difficulté; le coton est acheminé par la voie du Niger jusqu'à Koulikoro (le fleuve n'est pas navigable toute l'année), ensuite, par chemin de fer, de Koulikoro à Dakar (environ encore 1.200 kilomètres), enfin par bateau de Dakar au Havre; son prix de transport relativement réduit coûte, de Diré au Havre, mille francs la tonne, soit un franc le kilogramme. Un Transsaharien de 3.000 kilomètres pourrait-il le transporter à ce prix-là ? Je laisse la réponse aux techniciens. Mais supposons que les plantations de coton, ou de toute autre chose, s'accroissent dans une grande proportion, supposons que les vastes étendues irrigables de la Boucle du Niger soient mises en valeur, alors ce problème de l'évacuation deviendrait plus pressant. En effet, les produits d'une exploitation de 3.000 hectares peuvent être

Deux élégantes de Tombouctou.

évalués à 3oo tonnes de coton, 6oo tonnes de graines de coton et 2.ooo tonnes d'arachides, soit une tonne à l'hectare; si l'on cultive 1oo.ooo hectares, il faut sortir 1oo.ooo tonnes. Le « Kayes-Niger » est dans l'impossibilité de prendre ce supplément de trafic; il faut donc créer de nouveaux moyens d'évacuation et derechef se pose le problème du Transsaharien.

J'ai encore noté ce renseignement que le prix de transport d'un passager de Diré à Marseille est, en première classe, de 5.200 francs.

Nous avions fait toute la visite du centre de Diré sous la conduite de son directeur particulier, M. Danteuil; à

Le Niger. — Arrivée à El-Oualadjï.

Sama, ce devait être le tour du Directeur général, M. Lozet, de nous accueillir. La visite terminée, une réception d'une charmante cordialité nous était réservée par Mme Lozet et son mari.

Dans la même matinée, après deux heures de navigation, nous arrivions à El-Oualadji où le Gouvernement a installé une bergerie et une ferme-école. Le vétérinaire-directeur de la bergerie nous fit voir des mérinos algériens et des mérinos du Cap (don de la Chambre de Commerce de Tourcoing), qui s'acclimatent parfaitement au Soudan. Les béliers sont croisés avec des brebis du pays, à poil court, et le résultat est merveilleux; les métis possèdent des toisons infiniment plus épaisses que celles de leurs mères. Cet élevage est fait d'une façon très scientifique; on nous fit voir, classés à part, les demi-sang, les quart de sang. les huitième de sang; des béliers sont prêtés ou donnés, sous certaines conditions, aux noirs et on espère ainsi régénérer le troupeau indigène et l'améliorer considérablement au double point de vue de la laine et de la chair.

Après ces deux visites rapides, nous n'avions peut-être pas vu grand'chose, mais déjà nous avions l'impression que l'A. O. F., tout comme notre Afrique du Nord, est en puissance, un formidable grenier qui n'attend, pour être mis en valeur, que des bras, des capitaux et les moyens d'évacuation.

De M. Lozet, nous avions recueilli la précieuse déclaration que les rives du Niger, depuis Gao jusqu'au lac Debo, soit sur huit cents kilomètres, sont susceptibles de permettre des exploitations de coton analogues à celles de Diré et cela sur une profondeur d'au moins 25 kilomètres. De M. l'Administrateur Martin, nous écoutâmes avec non moins d'intérêt les explications ci-après : Pour avoir une bonne main-d'œuvre, il faut lui assurer une bonne alimentation suffisante; or, le noir du Soudan est généralement sous-alimenté; indolent et apathique, il n'a qu'une médiocre capacité de travail, sa production agricole est, par suite, assez restreinte, il a contre lui la sécheresse du climat, il est enfin d'une insouciance extrême. Pour remédier à cela, diverses mesures ont été envisagées

1° *Mesures pour susciter l'idée de prévoyance.* — Constitution, dans chaque village, du grenier de réserve obligatoire (200 kilogrammes de mil et 100 kilogrammes de riz dus par chaque adulte).

De plus, l'Administration accumule, elle aussi, des stocks importants de grains.

2° *Mesures pour accroître la production agricole :* Education agricole de l'indigène; celui-ci ignore généralement l'emploi du bétail à la traction, il ne connaît ni le char, ni la charrue, il faut donc :

a) importer et vulgariser le matériel aratoire;

b) apprendre au noir l'utilisation du bétail;

c) lui enseigner les méthodes nouvelles.

Deux fermes-écoles ont été créées, l'une à Baroueli, dans la région de Segou, l'autre à El-Oualadji, dont nous

venions de visiter la bergerie modèle. Quatre autres sont
en voie de création.

3° *Lutte contre la sécheresse.* — D'importants travaux
d'irrigation sont envisagés dans la vallée moyenne du Niger; le climat a, en effet, comme caractéristique, l'irrégu-
larité dans l'intensité et dans la distribution, ce qui a
entraîné dans le passé de véritables famines. En 1919-
1920, la mission Belime a établi un plan général d'aménagement irrigué, plan qui a reçu un commnecement
d'exécution comme nous le verrons plus loin.

*
* *

Après notre départ d'El-Oualadji et le lendemain 6 décembre, nous sommes arrivés à Akka, dans le pays des ai-
grettes; puis nous avons traversé le lac Debo, immense
mer intérieure de 40 kilomètres de large sur 60 kilomètres de long, qui se double d'un autre évasement du fleuve,
le lac Koriantzé. L'importance de Koriantzé devient de
jour en jour plus grande; ce centre se peuple de nombreux
Syriens envoyés par des maisons de commerce de Mopti.
La région de Mopti en particulier approvisionne en riz
tout le Soudan. Toute cette région, surtout en ce moment,
période de hautes eaux, est un immense lacis de rivières,
de bras du Niger, qui forment chacun de véritables fleu-
ves; l'un d'eux, que nous longeons, a un nom caractéristique, le Koli-Koli, ce qui veut dire « qui tourne et re-
tourne »; la navigation y est difficile.

Le 7 décembre, de bonne heure dans la matinée, nous
débarquons à Mopti; c'est une ville en pleine croissance,
bâtie sur des îlots spécialisés; il y a l'îlot administratif, la
ville commerciale et deux îlots indigènes reliés chacun
par de larges digues en laterite, ce qui leur donne une
couleur rouge; une digue de 11 kilomètres relie Mopti à la
terre. Les principaux éléments de trafic sont les laines,
les peaux et le riz. Mopti est peuplée d'environ 3.500 noirs
et d'une centaine d'Européens ou Syriens. Ces derniers
tendent à prendre une place prépondérante dans tout le
commerce de l'A. O. F. Quelques chiffres vous donneront
une idée de la prospérité de Mopti : le chiffre des patentes,
qui était, l'an dernier, de 150.000 francs, s'élève cette année à 550.000 francs; le terrain qui, il y a 15 ans, valait un
franc le mètre carré, atteint maintenant près de 200 francs

en certains endroits; on nous montre un terrain nu (sur lequel est édifiée pour le moment une barraque de cinéma) et qui, pour 6oo mq., vient d'être vendu 112.5oo francs. Aussi, l'Administration continue-t-elle à combler sur les rives du fleuve, des terrains qui se vendront très cher.

Le pensionnaire d'un commerçant à Segou.

Nous fûmes reçu au « Mopti-Club » par les commerçants et la Commission municipale; un commerçant me donna encore quelques renseignements intéressants : pour lui, la culture d'avenir de ce pays est l'arachide, car celles du riz et du coton décroîtraient rapidement si les travailleurs cessaient d'être réquisitionnés. La Chambre de Commerce de Mopti a été dissoute, celle de Bamako a donné sa démission collective après un nouveau relèvement de

45 o/o des tarifs de chemin de fer appliqué sans qu'elle ait été consultée; toutes deux sont en voie de reconstitution.

Repartis de Mopti, nous sommes passés plus loin, au confluent du Niger et du marigot de Dienné, avec le regret de ne pas aller voir cette vieille capitale d'un empire autrefois puissant.

Le lendemain 8, à l'aube, nous visitions le poste en construction de Macina et dans l'après-midi,, nous étions à Sama, autre exploitation de la Ciconnic, dont je vous ai déjà parlé. Des automobiles légères nous ont emmenés à travers les champs de coton, de mil et d'arachides; le labourage est fait à vapeur au moyen de deux locomobiles; une briquetterie, genre four chinois, fournit des briques d'excellente qualité; comme à Diré, l'eau est pompée au Niger et déversée dans un canal principal de 4 kilomètres de long.

Le 9, nous avons visité la station expérimentale de Baninkoro, où, sous la direction d'un Américain, M. FORBES, et d'un ingénieur agronome, M. MARTIN-BURÉ, on se livre à l'étude des diverses variétés de coton américain en vue de leur adaptation à la Colonie, principalement en culture sèche; un peu plus tard, nous étions à Ségou-Sikoro, centre très important qui s'étend tout en longueur sur la rive droite du Niger; nous y avons visité la mission catholique des Pères Blancs et des Sœurs Blanches qui donnent l'enseignement théorique et professionnel à de jeunes orphelins noirs ou métis; les Sœurs ont notamment un ouvroir où l'on tisse des tapis de haute laine et où l'on fait aussi de petits travaux de perles; la production atteint 3oo mq par an, mais on a de la difficulté à se procurer des laines de qualité parfaite. Là encore, nous avons été reçu par l'Administrateur et les commerçants.

Le 10, visite de la station expérimentale de Niénebalé; nous y voyons de longues étables très aérées, pleines de vaches sahéliennes superbes. On cultive du coton, des arachides, du mil, de la graine de moutarde et du velvet (plante fourragère pour les bestiaux); dans l'après-midi, se termine à Koulikoro, notre lente mais si captivante navigation sur l'immense fleuve. Pas une minute, nous n'avons ressenti de l'ennui, mais nous avons eu le regret de ne pas en voir davantage.

*
* *

Le même soir, un train nous emmena à Bamako, capitale du Soudan français; ses larges avenues, ses belles maisons coloniales, son marché monumental dans le style soudanais, lui donnent bien en effet l'aspect d'une capitale. Là, on nous fit faire une visite beaucoup trop rapide, comme toute visite officielle, des travaux du canal latéral au Niger, qui servira à irriguer 10.000 hectares et qui,

Le marché de Bamako.

éventuellement, pourra servir à la navigation. Je retrouvai à Bamako, avec plaisir, comme Ingénieur des Ponts et Chaussées, M. Lacoste, un ami et concitoyen. On nous montra une ferme-école, l'installation de la T. S. F. qui, achevée, sera la plus puissante de l'Afrique française, le marché, le laboratoire de recherches dans la lutte contre les épizooties, contigu à l'école d'infirmiers vétérinaires et à l'école vétérinaire de l'A. O. F., Bamako est une ville qui pousse comme une cité américaine; on me signale une rue qui, il y a six mois à peine, longeait des terrains vagues et qui est maintenant bordée de chaque côté de constructions solides et élégantes. Les commerçants de Bamako nous dirent, individuellement, combien ils auraient été heureux de nous recevoir en corps et officielle-

ment, mais notre horaire si rapide ne le permettait pas,
Nous avons déjeûné chez le Gouverneur du Soudan, à
Koulouba. sur une colline élevée; la résidence est un pa-
lais somptueux d'où l'on a une vue inoubliable sur les
villes européenne et indigène de Bamako, ainsi que sur le
fleuve scintillant et sa vallée.

*
* *

Abandonnant l'automobile et le bateau à roues pour le
chemin de fer, nous prîmes place, le 11 décembre, dans
la soirée, dans les confortables voitures du « Thiès-Ni-
ger ». Nous étions accompagnés par le Directeur, le dis-
tingué M. CHARDY et par M. SPITZ, directeur du cabinet
du Gouverneur général de l'A. O. F., et c'est avec regret
que nous fîmes nos adieux à M. l'Administrateur MARTIN,
dont l'amabilité et la complaisance avaient été sans bor-
nes. Nous roulâmes pendant quarante-huit heures, mais
avec plusieurs arrêts qui ne le cédaient en rien comme intérêt à tout ce que nous avions déjà vu. Ce fut d'abord
Médine, en ruines, célèbre par son siège, en 1857, et la
défense de Paul Holle. Des automobiles nous conduisent
aux chutes du Felou sur le Sénégal; une importante usine
électrique y est en construction. Les mêmes voitures
nous mènent à Kayes, siège d'un important marché, puis
quelques kilomètres plus loin, à Samé, où existe une
vaste exploitation de sisal. Cette exploitation comporte
5.000 hectares cultivés sur 6.000; pour le moment, on se
borne à exploiter la fibre pour la fabrication de la ficelle,
mais une usine est en construction pour l'extraction de
l'alcool et, plus tard, la fabrication de la pâte à papier;
une superbe usine de décorticage est déjà installée; elle
comprend notamment 3 moteurs à gaz pauvre de 250 HP
chacun et des chambres de séchage, de brossage, de presse
et de mise en balles.

Les possibilités d'exploitation du sisal sont infinies,
plus de 100.000 hectares pourraient être consacrés à cette
culture qui est très rémunératrice.

Nous nous sommes arrêtés le lendemain à Diourbel,
le centre principal des arachides; le cercle de Diourbel
en produit 120.000 tonnes, soit le tiers de la production
sénégalaise; à Thiès, nous avons vu les nouvelles installations du chemin de fer en pleine réorganisation, sur
l'impulsion énergique de son directeur, le Commandant

Chardy; enfin, dans l'après-midi, nous étions à Dakar. Pendant le séjour de 36 heures dans cette ville, nous avons été les hôtes de Mme Carde et de M. le Gouverneur général de l'A. O. F., un Algérien sympathique et un grand colonial; nous avons été traités comme des amis. Au cours de nos conversations avec lui ou ses chefs de service, je notai quelques impressions et aussi quelques chiffres dont je vous fais part.

En 1925, le commerce extérieur de l'A. O. F. a marqué une nouvelle et importante progression. Le commerce extérieur a dépassé deux milliards (1.115 millions aux importations et 899 millions aux exportations); pour les arachides seulement, l'exportation est passée de 320.000 tonnes en 1924 à 453.000 tonnes en 1925; pour le coton, de 1.741 tonnes à 2.249. Si le climat de l'A. O. F., généralement tropical, interdit aux Européens d'y demeurer d'une façon permanente, il n'en est pas de même du Soudan français où, avec certaines précautions, un Français et surtout un Algérien peut très bien vivre. Nous avons rencontré beaucoup d'Algériens et il nous a semblé qu'ils pourraient constituer une excellente pépinière pour la mise en valeur de toutes les régions par nous traversées. L'Administration ne semble pas du reste très favorable à l'établissement de nouveaux colons européens et elle a tendance à confier notamment les emplois subalternes à l'élément indigène, à cause de l'économie du voyage aller et retour de l'Européen et des dépenses improductives faites pendant le congé. Les colons qui, à des titres divers, faisaient partie des trois missions, parurent quelquefois choqués de cette mise à l'écart systématique, surtout du petit colon; ils voyaient avec peine tant d'hectares inutilisés et auraient souhaité une porte plus largement ouverte à l'élément colon et en particulier au colon algérien. Le Soudan français, la haute Volta, doivent-ils rester des colonies de domination, d'exploitation, ou peuvent-ils devenir, comme l'Afrique du Nord, et dans une certaine mesure, des colonies de peuplement? Grave question à laquelle il serait téméraire de répondre, surtout après un voyage aussi rapide. On peut cependant affirmer que la colonisation européenne, qui n'est qu'à son début, peut s'améliorer intensément, les exploitations de coton à Diré, ou de sisal à Samé en sont la preuve. Un Transsaharien, s'il existait, permettrait à nos colons, à nos hommes d'affaires, de se rendre rapidement dans ces contrées nouvelles pour étudier les possibilités de mise en valeur.

A mesure que nos procédés agricoles seront vulgarisés, les surfaces cultivées s'élèveront dans une proportion considérable et l'on peut imaginer, sans être un rêveur, qu'après l'achèvement des grands travaux d'irrigation, la vallée du Niger sera, comme celle du Nil, une des régions les plus riches de l'Afrique.

M. le Gouverneur CARDE disait avec une sage franchise qu'il ne servirait à rien de pousser fébrilement la construction d'un réseau ferroviaire et de développer des possibilités de trafic tant que la capacité d'évacuation de l'outillage de la côte ne sera pas en harmonie avec celle du rail; ces paroles viennent à l'appui formel des partisans de la construction rapide d'un Transsaharien.

Je ne voudrais pas quitter Dakar sans vous dire quelques mots de son port; il est en progrès manifeste. En 1925, le mouvement a été de 4.021 navires (entrées et sorties), représentant 6.086.414 tonneaux de jauge et 868.252 tonnes de marchandises débarquées et embarquées. De grands travaux doivent prochainement y être exécutés pour la création, notamment, d'un port spécial à arachides. Comme à Alger, on est limité par les possibilités financières. Il y a aussi un outillage électrique qui n'a pas la faveur du public ; les vapeurs utilisent leurs mâts de charge. Le chargement du charbon a retenu notre attention, des avantages sérieux ont été consentis à la Société « Sénégal », consortium de quatre Compagnies de navigation italiennes, qui s'est constitué en 1910 d'abord pour le charbonnage de ses propres bateaux. Cette Société possède dans la rade 14 chalands, d'un déplacement moyen de 1.400 tonneaux, portant 385 tonnes de charbon, pourvus d'engins mécaniques et aménagés par groupe de 2 ou 4 pour une vitesse de chargement de 900 à 1.100 tonnes en 4 ou 5 heures. Une autre Société « La Compagnie Française du Charbonnage » dispose également d'un important matériel de chalands, d'où le charbon est mis en sacs dans les soutes du navire. Ses équipes entraînées permettent une vitesse de chargement supérieure à celle des ports des Canaries.

Notre navigation de Dakar à Casablanca fut heureuse, donc sans histoire; nous eûmes une escale agréable à Las Palmas. De mon voyage au Maroc, je vous dirai peu de chose, d'abord parce que le Maroc a été découvert il y a longtemps et parce qu'il était hors mission; je vous dirai seulement qu'un des travaux les plus urgents à accomplir, c'est la liaison effective par le chemin de fer à voie large de Fez à Oùdjda. Il faut enfin faire disparaître la cloison presque étanche qui sépare le Maroc de l'Algéric; parmi les grands travaux à accomplir, celui-ci se place sur le même pied - sinon avant - que la construction du Transsaharien.

Port de Dakar — Les chalands à charbon.

Mon rapport est long et il vous parle de beaucoup de choses, c'est que notre voyage a été long (plus de 10.000 kilomètres) et que nous avons vu sans cesse des choses différentes.

Reprenons, si vous le voulez bien, nos buts de voyage:

1° *Etudier les parties les plus intéressantes au point de vue économique et plus particulièrement commercial des régions des Territoires du Sud se trouvant sur les itinéraires parcourus :*

Je me suis efforcé de mon mieux de répondre à ce premier but, dans la première partie de ce travail; je vous prie, mes chers Collègues, de ne pas oublier que

nous avons voyagé presque sans arrêt et quelquefois jour
et nuit

*2° S'assurer des richesses naturelles existant dans la
vallée du Niger, étudier la culture du coton, l'élevage et
spécialement les moyens d'intensifier les relations commerciales entre cette région et l'Algérie :*

La région la plus intéressante à visiter en détail, à ces
points de vue, eût été la Boucle du Niger proprement
dite, puisqu'elle est la plus éloignée de la mer et la plus
rapprochée de l'Algérie; il est dommage en particulier
que nous n'ayons pu voir Ouagadougou. On peut affirmer que les possibilités d'avenir de toutes ces colonies
de l'A. O. F. sont immenses, qu'il ne faut pas attendre
une mise en valeur totale pour songer à attirer chez nous
une partie de son trafic, mais qu'au contraire, c'est l'établissement d'une ligne ferrée vers l'Algérie qui créerait
ce trafic encore à ses débuts.

En attendant, il faut intensifier et régulariser la liaison
automobile, donc améliorer les pistes et le matériel.

*3° Examiner les conditions dans lesquelles pourraient
être établis des moyens de transport à travers le Sahara :*

Cette question n'est pas de mon ressort, mais plutôt
de celui des Ingénieurs de la mission.

En terminant, j'ai le devoir de témoigner ma gratitude, au nom de notre Compagnie, si vous m'y autorisez, à tous les fonctionnaires, à tous les officiers, qui se
sont employés de tout leur cœur à faciliter notre voyage,
depuis MM. les Gouverneurs Généraux de l'Algérie et de
l'Afrique Occidentale Française, jusqu'aux Lieutenants
Gouverneurs, aux Administrateurs, aux Officiers Sahariens ; ils nous ont tous témoigné une cordialité, une
complaisance, je dirai même parfois une patience, dont
nous avons été infiniment touchés. En particulier, mes
remerciements les plus chaleureux vont à notre Chef de
mission, au Capitaine Lehuraux. Par sa connaissance du
désert, son énergie, ses capacités de chef, sa bonne
humeur, il fut un des facteurs principaux du succès incontestable de la mission de notre Chambre de Commerce.

(Applaudissements unanimes).

ALGER — TYPOGRAPHIE JULES CARBONEL — ALGER

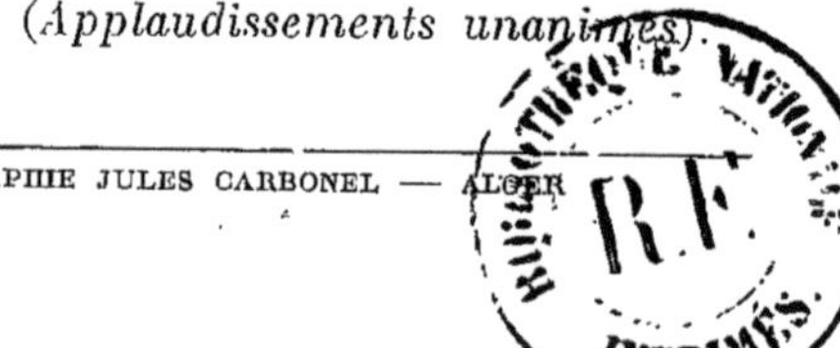